Te 151
929

Te 151
929

# NOTE

## SUR L'OROBANCHE

### DE DIOSCORIDE,

Contenant sa Description, ses Propriétés, les Avantages qu'on peut retirer de sa Culture, la preuve que cette Plante n'est point parasite, des Conjectures sur l'Orobanche de Théophraste, etc.

Par L.-C.-A. FRÉMONT ( du Calvados ).

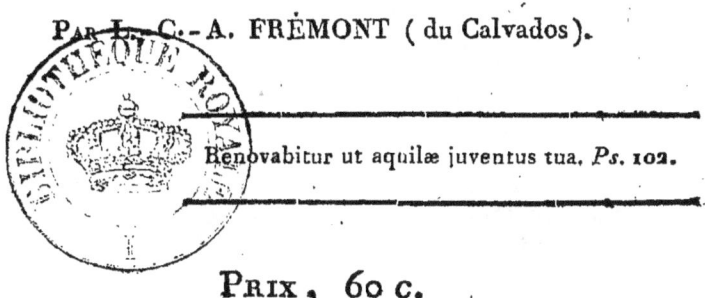

Renovabitur ut aquilæ juventus tua. *Ps.* 102.

Prix, 60 c.

———

## A CHERBOURG,

Et se trouve à PARIS, chez CAPELLE et RENAND, Libraires-Commissionnaires, rue J.-J. Rousseau.

1807.

# NOTE

## SUR L'OROBANCHE

### DE DIOSCORIDE.

L'OROBANCHE est une plante assez commune en France, et l'on pourrait se dispenser d'en faire la description, si l'on n'avait à parler qu'à des botanistes ou même à des amateurs. Il suffirait de leur dire qu'elle est dans la didynamie angiospermie de Linné, et que la grande espèce qui nous occupera spécialement (1) a reçu de ce célèbre naturaliste les qualifications suivantes : *Orobanche major, caule simplicissimo pubescente, staminibus subexertis* ; c'est-à-dire, *la grande Orobanche à la tige très-simple, garnie de quelques poils menus, et les étamines un peu découvertes.* On ajouterait que M. de Jussieu, dans son ouvrage intitulé *Genera Plantarum*, a rangé cette plante à la suite des pédiculaires. De telles données satisferaient pleinement ceux qui ont la moindre teinture de botanique, et qui possèdent les ouvrages de ces deux savans ; mais il est une classe de lecteurs beaucoup plus nombreuse, pour qui les descriptions scientifiques sont insignifiantes, parce qu'elle n'a pas l'intelligence des termes techniques. Cette classe n'est cependant pas la moins intéressante, et en général elle s'adonne à la culture plus activement que la première. Il faut mettre les objets à sa portée. L'Orobanche offre assez d'avantages pour faire espérer qu'elle attirera les regards du public. Elle est toute naturalisée en France, et l'on ne peut douter de la réussite. C'est pourquoi j'ai cru devoir la décrire de manière à être entendu de tout le monde.

### DESCRIPTION DE L'OROBANCHE.

Cette plante sort de terre au commencement du printemps, sous la forme d'une asperge. Sa tige est, pour l'ordinaire,

(1) *Voyez* la note n.° 1.

sans branches, droite, arrondie, roussâtre et fistuleuse. Elle parvient à la hauteur de 49 centimètres, ou 18 pouc. Ses feuilles, que l'on croirait avortées, ressemblent à de petites écailles, et sont placées alternativement le long de la tige. Les fleurs disposées en épis terminaux, sont d'un vert jaunâtre, purpurines en leurs bords, et parsemées de points blancs. Je n'ai point trouvé d'odeur aux individus que j'ai rencontrés; cependant le *Botanicon Parisiense* de Sébastien Vaillant, (édition de Leyde 1743, débitée par Briasson, rue Saint-Jacques, à Paris,) en cite une espèce qui sent le girofle, (*Orobanche major caryophyllum olens*), et une autre qui sent très-mauvais, commune au bois de Boulogne, (*Orobanche major fœtidissima silvæ bononiensis.*) Je parle donc de celle qu'il désigne tout simplement par ces mots, l'Orobanche à grandes fleurs jaunâtres, (*Orobanche majore flore flavescente.*) On ne sera peut-être pas fâché de savoir que l'on trouve encore aux environs de Paris les espèces ou variétés suivantes : 1.º l'Orobanche sans duvet, (*Orobanche lævis*), étamines saillantes, fleurs bleues. 2.º L'Orobanche rameuse à fleurs bleues, (*Orobanche ramosa floribus cœruleis.*) 3.º L'Orobanche rameuse à fleurs d'un blanc pâle. Gaspard Bauhin prétend que cette fleur est verdâtre lorsqu'elle croit dans le voisinage du genêt commun; mais qu'elle est jaunâtre et plus grande auprès du genêt d'Espagne. J'ai certainement beaucoup de respect pour Gaspard Bauhin, mais je crois qu'il eût été plus simple de dire que sa couleur faible et incertaine passe aisément d'une nuance à l'autre, ce qui arrive à beaucoup d'autres fleurs. Les graines sont très-menues, noires, en grand nombre, et renfermées dans une capsule pointue à deux valves. La racine est tubéreuse, souvent conique, écailleuse, noire en dehors, jaunâtre ou d'un blanc pâle à l'intérieur ; elle est imprégnée d'un suc amer et gluant : sa grosseur est à-peu-près celle d'un œuf de perdrix.

C'est ici le lieu d'observer que cette plante est bien différente de celle dont Théophraste a parlé sous le même nom; car il dit positivement au cinquième livre des Causes, chapitre 22, qu'elle étouffe les ers et les pois chiches en les enveloppant et s'entortillant à l'entour. *Pnigei periplecoménos kai perilambanón.* Il dit encore au huitième livre de l'Histoire des Plantes, chapitre 8, qu'elle s'entortille ainsi autour des ers, *à cause de sa faiblesse.* Théodore Gaza, traducteur de Théophraste, a rendu le nom grec Orobanche par le mot *ervanga*, composé de ces deux mots

latins *ervum angere*, qui veulent dire suffoquer les ers et les lentilles. *Dicitur ervanga, quod ervum potissimè vinciat causâ imbecillitatis.* Pline a répété la même chose, d'après Théophraste, livre 18, chapitre 17. Voici ses expressions : *Est herba quæ cicer enecat et ervum, circumligando se : vocatur Orobanche.* Mais la plante dont il s'agit ici n'a pas la propriété de s'entortiller. C'est ce qu'avait déjà remarqué le traducteur de Pline, Antoine du Pinet ( édition de Lyon 1581, pour Charles Pesnot.) Il dit qu'aux environs de Paris, cette plante porte le nom de Teigne, et il ajoute en marge : *Pline se trompe ; car la teigne ne s'entortille pas et ne s'agrafe point aux herbes voisines ; mais elle les fait mourir par sa présence.* Le même Pline, livre 22, chapitre 25, parle encore de l'Orobanche, et la description qu'il en donne a quelque rapport avec la plante dont il s'agit ici. *Prodest tussientibus* (2) *succus ( herbæ quam ) Orobanchen appellavimus, necantem ervum et legumina : alii cynomorion eam appellant a similitudine canini genitalis : cauliculus est sine foliis, pinguis, rubens. Estur per se ( cruda ) et in patinis cùm tenera est decocta.* C'est-à-dire : « On se sert utilement contre la toux du suc d'un herbe que nous avons appelée Orobanche, parce qu'elle fait périr les ers et les légumes. D'autres guidés par la ressemblance, la nomment génitoire de chien. C'est une petite tige sans feuilles, grasse, rougeâtre ; on la mange crue, ou cuite entre deux plats lorsqu'elle est tendre. » Il paraît que Matthiole ne pensait point au passage du dix-huitième livre, lorsqu'il a dit dans ses Commentaires que *l'Orobanche représentée par Dioscoride et Pline*, n'embrasse aucunement les plantes qui lui sont voisines ; *mais que par sa seule présence elle fait périr tous les blés, légumes, lins, chanvres qui l'environnent....*, et plus bas, *ou Théophraste s'est trompé, ou bien Dioscoride et Pline parlent d'une autre espèce d'Orobanche.* On voit au contraire que Pline a parlé de l'une et de l'autre. Quant à Dioscoride, Matthiole a bien raison ; la plante décrite par ce Grec célèbre, ne s'entortille pas autour des autres, et ce qu'il en dit nous convaincra sans peine que c'est la même dont nous parlons. « L'Orobanche est une tige menue, d'un pied et
» demi de haut, et quelquefois plus : elle est rougeâtre,
» velue, tendre, grasse et sans feuilles. Sa fleur est pâle ou
» jaunâtre ; sa racine est de la grosseur d'une datte (3), et

(2) *Voyez* la note n.° 2.
(3) *Voyez* la note n.° 3.

» devient caverneuse lorsque la tige commence à sécher.
» Il est certain qu'elle naît parmi quelques légumes et qu'elle
» les étouffe. C'est de là qu'elle s'est arrogé le surnom qu'elle
» porte. On la mange comme les autres herbes, crue, et
» cuite entre deux plats comme les asperges. On croit qu'en
» la mêlant avec les légumes, elle les fait cuire plus prom-
» ptement. »

En voilà plus qu'il n'en faut pour faire connaître cette plante à quiconque voudra se donner la peine de la chercher. Passons à ses propriétés et aux avantages qu'on peut retirer de sa culture.

## PROPRIÉTÉS DE L'OROBANCHE.

Nous savons déjà que le suc ou l'extrait de cette plante est bon contre la toux, et qu'on peut la manger en salade, ou cuite à la manière des asperges. Elle n'a pas à la vérité un goût aussi délicat; mais quand elle n'offrirait que le plaisir de la variété, ce serait déjà beaucoup. Elle devance les asperges de près d'un mois, et l'art de nos cuisiniers est bien capable de nous faire illusion à cet égard. Au retour du printemps les ressources du jardinier sont épuisées; il n'est riche qu'en espérances. La disette des verdures se fait vivement sentir, et les primeurs sont toujours précieuses. N'est-ce pas d'ailleurs le propre de la culture de corriger, d'adoucir, d'améliorer les saveurs des végétaux produits par la nature agreste et sauvage ? Cette plante abandonnée à elle-même, offre déjà un bon comestible, admis dans la cuisine grecque. Qui sait si la main de l'homme ne la perfectionnera pas au point de la mettre en concurrence avec l'asperge, et même de lui faire emporter la palme? Voyez cette rave douce et charnue, si désirée, si recherchée au printemps, ce navet qui forme un cordon carminatif autour de vos canards, cette carotte succulente qui décore et sucre vos potages, cette betterave, l'ornement de vos salades, ce melon si délicieux, si bienfaisant dans les chaleurs de la canicule; voyez ces abricots dorés, ces pêches vermeilles, ces poires de tant d'espèces qui garnissent vos desserts; ce chou, le roi du potager, qui flanque pompeusement vos perdrix; ces laitues pommées, ces chicons fermes et massifs, ces chicorées salutaires, etc.; voyez enfin toutes les productions du jardinage, tous ces fruits qui affectent si délicieusement vos yeux, votre palais et votre odorat. Ah! croyez-moi, ce ne sont pas là les enfans de la nature! ils ne doivent qu'aux soins de l'homme ces qualités qui charment les plus délicats. Pourquoi donc n'en serait-il pas de même de l'Orobanche?

*Quare agite, ô proprios generatim discite cultus
Agricolæ, fructusque feros mollite colendo.* Virg. Georg. 2.

Connais donc chaque plante et quel soin lui convient,
Ce que peut la nature, et ce que l'art obtient. J. Delille.

Il y a plus : rendez à la nature les meilleures plantes de vos jardins ; abandonnez à eux-mêmes vos arbres fruitiers ; négligez les espèces qui vous semblent arrivées au point de la perfection ; vous les verrez bientôt rétrograder vers l'état sauvage, et devenir méconnaissables. Outre l'expérience, nous avons sur ce fait un témoignage authentique de Linné, qui s'est lui-même étayé de l'autorité de Virgile. « *Horticultu-
» ræ mangonium produxit flores plenos, fructus horæos,
» caulium turiones, herbas altiles, capitatas, tenera-
» que olera; hæ sibi relictæ in solo macro silvestrem in-
» duunt naturam et naturalem.*

*Vidi lecta diu, et multo spectata labore
Degenerare tamen; ni vis humana quotannis
Maxima quæque manu legeret : sic omnia fatis
In pejus ruere, ac retro sublapsa referri.* Virg. Georg. 1.

» *Sic dulcissimæ vites fiunt acidæ, suavissima mala
» acerba, gratissima pyra austera, mitissima amygdala
» amara, succosa persica exsucca, lævissimæ lactucæ
» spinosæ, pulposi asparagi lignosi, sapidissima cerasa
» acidissima; cerealia olera et fructus evilescunt omnia.* »

C'est-à-dire :

« L'art du jardinier a produit des fleurs doubles, d'ex-
» cellens fruits pour toutes les saisons, des rejetons délicats,
» des herbes nourrissantes, pommées, et des légumes tendres.
» Abandonnés à eux-mêmes dans un terrein maigre, ils
» reprennent le caractère agreste qui leur est naturel.

Les grains les plus heureux, malgré tous les apprêts,
Dégénèrent enfin, si l'homme avec prudence
Tous les ans ne choisit la plus belle semence :
Tel est l'arrêt du sort, tout tend vers son déclin. J. Delille.

» C'est ainsi que les raisins les plus doux deviennent acides,
» les pommes les plus agréables prennent de l'âpreté, les
» meilleures poires de la dureté, et les amandes douces
» de l'amertume : les pêches succulentes perdent leur eau;
» les laitues les plus molles se chargent d'épines; *les as-*
» *perges charnues deviennent ligneuses*; les cerises les plus
» savoureuses contractent une aigreur excessive ; tous les blés
» et tous les légumes se détériorent. » (*Philos. Bot.*)

2.º Cette plante a des propriétés utiles dans plusieurs maladies : des médecins célèbres en ont fait usage avec succès. Galien ( livre 8 de simpl. méd. ) dit, selon le langage de son siècle, qu'elle est de température froide et sèche au premier degré. Séchée et réduite en poudre, elle est efficace contre la colique venteuse ; la dose, ancienne mesure, est depuis un scrupule jusqu'à un gros, ou depuis vingt-quatre grains jusqu'à soixante-douze ; c'est-à-dire, selon les nouvelles mesures, depuis un gramme et vingt-sept centigrammes jusqu'à trois grammes et quatre vingt-deux centigrammes.

Quelques personnes n'attacheront peut-être pas beaucoup d'importance à cette propriété, parce qu'elles n'ont pas éprouvé l'horrible supplice de la colique. Puisse Esculape les en préserver ! Mais si quelque jour elles en ressentent les attaques, si les fiers enfans d'Eole qui bouleversent la terre et les mers, viennent choisir leurs intestins pour champ de bataille, alors elles connaîtront le prix de cette qualité bienfaisante, et comprendront que l'Orobanche est le véritable sceptre avec lequel le roi des tempêtes frappe les flancs de la montagne ; et soudain,

. . . . . . . . . . . . . . . . . . . . *Venti velut agmine facto*
*Quà data porta ruunt, et nares turbine perflant.* Virg. Eneid. 1.
En tourbillons bruyans l'essaim fougueux s'élance. *J. Delille.*

3.º Dans plusieurs contrées, principalement en Italie, cette plante s'appelle herbe du Taureau ; et ce nom n'est pas l'effet du hasard. On a remarqué que les vaches après en avoir mangé recherchent le taureau ; d'autres disent que c'est le taureau qui s'en étant rassasié recherche les vaches, ce qui est beaucoup plus dans l'ordre. Je ne vois cependant pas à cela une grande différence pour les résultats. Il suffit de savoir que, par la vertu de cette plante, l'espèce bovine se trouve disposée à la génération, et que si l'on en donne en même temps aux deux sexes, ils seront parfaitement d'accord, et se rechercheront avec une avidité réciproque.

Or, dans ce cas, disent les naturalistes, il y a cent à parier contre un que l'accouplement sera prolifique. Voilà donc un moyen presque infaillible d'assurer la conception des vaches, et de multiplier l'espèce. Les bestiaux sont la richesse du cultivateur; combien n'est-il pas désagréable pour lui de payer six francs pour faire couvrir sa vache, et de se voir trompé dans son espérance? Il perd tout-à-la-fois l'argent qu'il possède, et le veau dont la naissance devait le quadrupler. Ces accouplemens infructueux ne sont pas rares; et quelle peut en être la cause, sinon le défaut d'ardeur dans l'un ou l'autre des deux conjoints. On ne peut raisonnablement alléguer l'épuisement du taureau; ses maîtres sont trop intéressés à sa conservation pour ne pas le ménager. On sait bien que les animaux ont, comme nous, leurs caprices et leurs fantaisies; ils refusent et dédaignent certaines femelles; ils saillissent les autres avec une volupté manifeste; ils éprouvent, comme nous, les effets de la laideur et de la beauté. Rebutés par l'une, passionnés pour l'autre, ils combattent avec acharnement pour la génisse qui les a charmés.

*Dulcibus illa quidem illecebris, et sæpe superbos*
*Cornibus inter se subigit decernere amantes.*
*Pascitur in magnâ silvâ formosa juvenca:*
*Illi alternantes multâ vi prælia miscent*
*Vulneribus crebris; lavit ater corpora sanguis,*
*Versaque in obnixos urgentur cornua vasto*
*Cum gemitu, reboant silvæque et magnus Olympus.* Virg. Georg. 3.

Souvent même troublant l'empire des troupeaux,
Une Hélène au combat entraîne deux rivaux:
Tranquille, elle s'égare en un gras pâturage.
Ses superbes amans s'élancent pleins de rage;
Tous deux, les yeux baissés et les regards brûlans,
Entrechoquent leurs fronts, se déchirent les flancs.
De leur sang qui jaillit les ruisseaux les inondent;
A leurs mugissemens les vastes cieux répondent. *J. Delille.*

Il en est de même de tous les animaux qui, plus raisonnables et plus heureux que l'homme, ne combattent que pour deux objets, la femelle et la pâture, et seulement lorsque le besoin se fait sentir. Mais comme ils ne sont pas grands métaphysiciens en amour, comme ils ne sont pas, en général, doués d'une excellente mémoire; si l'on excite en eux l'aiguillon de la chair, il est à présumer qu'ils se contenteront de la première femelle qui leur sera conduite, et qu'ils ne rebuteront plus celles qui auraient moins d'attraits que la fille d'Inachus.

Ce serait, à mon avis, une erreur de restreindre à la vache et au taureau l'efficacité de cette plante. Pourquoi ne produirait-elle pas le même effet sur le cheval et la jument, sur l'ânesse et le baudet? Ce dernier est le père de nos plus beaux mulets, dont l'utilité est si généralement connue, et dont le commerce enrichit plusieurs de nos départemens, sur-tout ceux qui trafiquent avec l'Espagne. Je laisse à juger de quel prix doit être une propriété de cette nature, et si elle n'est pas seule capable d'engager un cultivateur industrieux à semer quelques journaux d'Orobanche. Il est bon d'avertir qu'il ne faudrait pas s'étonner si, de prime abord, ces animaux refusaient un aliment auquel ils ne seraient pas accoutumés. Ils en font autant la première fois qu'on leur présente des pommes de terre crues, et bientôt l'habitude leur fait préférer ce comestible à tous les autres. On pourrait donc mêler quelques pieds d'Orobanche dans leur nourriture ordinaire; je conseillerais même de ne jamais la leur donner seule, pour ne pas exciter en eux une concupiscence effrénée.

L'homme peut aussi trouver dans cette plante un bon corroboratif. Par son secours un vieillard se verra comme Eson rappelé à l'âge de vingt ans. Mais qu'il n'aille pas imiter imprudemment Tithon dans les bras de l'Aurore; qu'il se contente de recouvrer une vigueur et une santé rares à son âge. Quant à ceux qui, par faiblesse de tempérament, par débilité accidentelle de nerfs, par obésité, ou par suite de quelque maladie, se trouveraient, sur le retour de l'âge, dans un état peu satisfaisant, ils peuvent profiter hardiment de tous les avantages que leur offrira cette plante; c'est pour eux qu'il est écrit *renovabitur ut aquilæ juventus tua*, votre jeunesse refleurira comme celle de l'aigle, et vous ne serez plus réduits à vous repaître de souvenirs et d'illusions. Et vous, tristes époux, frappés en apparence d'une incurable stérilité; vous qui par l'espoir de revivre dans vos enfans entreprenez de vains pèlerinages, et faites d'inutiles neuvaines à tous les saints de la Flandre; recourez à l'Orobanche, à cette plante merveilleuse que la bienfaisante nature vous offre de toutes parts dans les campagnes; bientôt votre sang se purifiera, la joie et la santé circuleront dans vos veines, vos humeurs deviendront plus aptes à s'amalgamer, des désirs mutuels vous rapprocheront, vous verrez vos enfans environner votre table et croître sous vos yeux comme de jeunes plants d'olivier. Ah! je ne crains pas de le dire, si la malheureuse reine de Carthage en eût présenté une salade au héros troyen, il ne l'eût pas si brusquement abandonnée, et sans doute elle eût vu se réaliser le désir qu'elle exprime si tendrement d'élever au milieu de sa cour le rejeton d'un tel amant.

*Saltem si qua mihi de te suscepta fuisset*
*Ante fugam soboles, si quis mihi parvulus aulâ*
*Luderet AEneas, qui te tamen ore referret,*
*Non equidem omnino capta ac deserta viderer!* Virg. AEneid. 4.

Encor si quelque enfant, doux fruit de notre amour,
Charmait l'affreux désert où tu laisses ma cour,
Je ne me croirais pas entièrement trahie,
Et ton image au moins consolerait ma vie. *J. Delille.*

Alors elle ne se serait pas tuée de désespoir; mais aussi nous n'aurions pas le quatrième livre de l'Énéide; tant il est vrai que tout est compensé. Je sais bien que quelques froids chronologistes ont révoqué ce fait en doute; pour moi j'aime à me persuader que c'est la pure vérité, sans quoi je n'aurais pas la moitié autant de plaisir à lire ce poëme admirable. *Rien n'est beau que le vrai.*

Cette propriété connue des anciens, n'est pas absolument ignorée en France, et c'est dans les cantons les plus agrestes et les plus sauvages que le souvenir s'en est conservé. Je pourrais citer entre autres un département renommé par sa goinfrerie, dont les habitans n'ont aucun goût ni pour les sciences, ni pour aucune espèce d'instruction. Ce peuple, le plus stupide et le plus sottement crédule qui soit en France, croit aux diseurs de bonne-aventure, aux tireuses de cartes, aux sorciers, aux noueurs d'aiguillette, aux maléfices de toute espèce jetés sur les hommes et les animaux. S'ils viennent à perdre une vache, c'est l'effet d'un sort; si quelqu'un de leur famille tombe malade, c'est qu'on l'a ensorcelé; si quelques-unes de leurs brebis viennent à disparaître, ce n'est pas le loup qui les a croquées, c'est un sorcier courant sous la forme d'un loup-garou; enfin tout ce qui leur arrive de fâcheux est occasionné par les sorciers. Or, en pareil cas, le seul remède est de recourir à un plus grand sorcier, dont le savoir prépondérant détruit tout ce qu'a fait le premier, ou du moins arrête les effets de sa fatale puissance. Là, comme dans des provinces plus éclairées, où l'on ne s'épouvante pas si facilement, les jeunes mariés éprouvent quelquefois des accidens qui contrarient leurs plus chers désirs; et pour peu que cela dure cinq ou six jours, c'est infailliblement un sort qu'on leur a jeté. J'ai moi-même été témoin du fait suivant, et comme il se rapporte directement à ce qui nous occupe, je l'exposerai succinctement pour le plaisir et la conviction du lecteur.

Assis au bord de la T....., au milieu d'un buisson touffu, je confrontais diverses plantes que j'avais cueillies, avec les savantes descriptions qu'en a données M. de Jussieu, lorsque mon travail fut interrompu par la soudaine apparition d'une jeune et charmante personne d'environ vingt ans, qui paraissait profondément affligée. Elle passa sans m'apercevoir, et fut à quelques pas de là s'adresser à un vieillard dont la figure have, la longue barbe et les vêtemens déguenillés annonçaient évidemment le pouvoir surnaturel. Après une humble révérence, elle lui compta piteusement la mésaventure de son mari, et lui promit une brebis noire et dix francs, s'il parvenait à le désensorceler. Le vieillard, après quelques grimaces et beaucoup de difficultés, accepta le marché avec un écu d'à-compte; il ramassa quelques pieds d'Orobanche, et tourné vers l'occident, gromela dessus quelques paroles barbares; il les remit dans les belles mains de la jeune femme, lui dit de les hacher dans une salade de céleri et de la présenter à son époux. Cette aventure bizarre piqua ma curiosité; je voulus en connaître la suite, et pour cet effet, je me rendis le lendemain de bonne heure au même endroit. J'eus d'abord le plaisir de voir conduire la brebis noire à la cabane du sorcier; je fréquentai les mêmes lieux pendant quelques jours, affectant de cueillir de l'Orobanche; enfin je fus remarqué, j'entrai sans peine en conversation, et j'appris ce que je voulais savoir. Le mari mangea la salade sans se douter de rien; sa jeune épouse, pleine de confiance, l'excitait et le regardait tendrement. L'effet ne tarda pas à se faire sentir.

*Ille repente*
*Accepit solitam flammam, notusque medullas*
*Intravit calor, et labefacta per ossa cucurrit:*
*Non secùs atque olim tonitru cum rupta corusco*

*Ignea rima micans percurrit lumine nimbos...*
*Optatos dedit amplexus, placidumque petivit*
*Conjugis infusus gremio per membra soporem.* Virg. AEneid. l. 8.

    Son époux que séduit son tendre empressement,
    De ses premiers désirs sent palpiter son ame;
    Il reconnaît Vénus à l'ardeur qui l'enflamme :
    Et le rapide éclair des amoureux transports
    Pénètre chaque veine et court par tout son corps.
    Tel du ciel enflammé, parcourant l'étendue,
    L'éclair part, fend les airs et divise la nue.
    Il remporte le prix par sa flamme attendu,
    Et s'endort sur son sein mollement étendu. *J. Delille.*

    J'ai de bonnes raisons pour conclure de cette anecdote, que l'Orobanche est le contre-poison naturel du *nymphæa*, dont les malins paysans ne connaissent que trop bien la vertu réfrigérative.

    4.° J'ai découvert que les tubercules de cette plante remplaçaient avantageusement la noix de galle dans la composition de l'encre. En ayant coupé quelques-uns avec mon couteau, lorsque les pieds étaient en fleurs, je m'aperçus que la lame était empreinte d'un suc noir, à-peu-près comme quand on coupe une poire. J'en mis quelques tranches minces dans un demi-verre d'eau froide, et les ayant laissées en infusion deux ou trois jours, je les écrasai dans cette même eau avec un morceau de bois. Le lendemain je coulai cette eau, et j'y ajoutai peu-à-peu du vitriol en poudre; je vis, à ma grande satisfaction, qu'elle prenait une très-belle couleur noire. Je taillai une plume neuve, et j'écrivis avec cette encre quelques lignes qui ne me parurent pas moins belles que si j'eusse fait usage de l'encre ordinaire. Ce succès m'enhardit, j'en coupai quelques autres tubercules, que je mis dans une chopine d'eau sur les cendres chaudes; ensuite j'y ajoutai du vitriol *quantum satis*, et l'encre se trouva très-bonne. Il est à propos de ne mettre le vitriol que peu-à-peu; car si l'on en mettait trop, cette encre deviendrait jaunâtre, comme je l'ai éprouvé plusieurs fois. On peut remarquer que je n'employai point la gomme arabique, et cependant cette encre ne fluait pas sur le papier, ce qu'il faut attribuer au suc visqueux dont nous avons dit que la racine est imprégnée. Cet objet semblera peu digne de considération aux personnes qui n'écrivent pas beaucoup; l'encre en effet n'occasionne qu'une dépense légère dans bien des maisons ; cependant, si l'on fait attention à la multitude de ceux qui manient la plume tant bien que mal, aux avocats, notaires, procureurs, greffiers, huissiers et gens de justice en général; aux enfans qui apprennent à écrire en gros, à chiffrer, à traduire d'une langue dans une autre; aux marchands, aux banquiers, aux commis, aux auteurs, aux journalistes, etc., on m'accordera sans peine qu'en portant la dépense de trois mille hommes, l'un portant l'autre, à une pinte d'encre par jour, on ne fait pas une estimation trop haute. Or, la population de l'Empire français, *in statu quo*, est d'environ trente millions d'habitans. Il se fait donc chaque jour une consommation de dix mille pintes d'encre sur le territoire français : ces dix mille pintes répétées trois cents fois pour une année, en défalquant les fêtes et dimanches, font un total de trois millions de pintes, qu'on ne peut guère évaluer à moins de vingt sous, quand l'encre est bonne. Toute le monde sait que les petites bouteilles de grès qui se vendent quinze sous chez les marchands, ne contiennent qu'une demi-chopine, ce qui porte la pinte à près d'un écu; l'estimation que j'ai faite est donc modérée. La noix de galle d'Alep ( qu'on nomme pour cette raison alépine, et non parce qu'elle est épineuse ), est quelquefois très-chère, sur-tout quand les ports sont bloqués comme aujourd'hui. La gomme arabique est dans le même cas. Si donc l'économie de ces deux matières est peu de chose pour chaque particulier, on ne peut disconvenir qu'elle ne soit importante pour la France en général, et qu'elle n'empêche annuellement la sortie d'une somme assez forte. L'Orobanche nous fournit un moyen de retenir cette somme entre nos mains. Je pense donc que cet objet doit être pris en considération par les gens de bien et par tous les bons citoyens; car enfin, *non nobis nati sumus, sed patriæ*: nous ne sommes pas nés pour nous seuls, mais pour la patrie. Je sais bien que la bonté de l'encre et sa durée sont des objets fort importans *en certains cas*, et que plusieurs chimistes n'ont pas dédaigné d'employer leurs soins à sa confection. Mais combien d'autres écritures pour lesquelles on pourrait se contenter d'une encre commune! D'ailleurs il n'est pas prouvé que l'encre faite avec l'Orobanche soit inférieure à celle qui se fabrique avec la noix de galle; et puisque j'en ai fait de bonne sans beaucoup de précaution, il est à croire que si quelques savans prenaient la peine de faire des essais pour trouver la meilleure proportion des divers ingrédiens, soit à chaud, soit à froid, ils parviendraient à lui donner toute la perfection possible.

Puisque cette plante contient un principe colorant, ne serait-il pas permis d'espérer qu'elle pourrait devenir utile dans la teinture ? Elle serait alors d'une toute autre importance.

5.° Un avantage non moins précieux que je trouve à l'Orobanche, c'est de pouvoir croître et végéter sur des terrains qui, pour l'ordinaire, ne servent à rien, ou du moins à très-peu de chose ; et cela sans nuire le moins du monde aux productions incultes qui pourraient s'y rencontrer. Il n'est pas dans toute la France un seul coin de terre où elle ne puisse réussir. On la trouve à Dunkerque et à Perpignan, à Brest et à Dijon ; si elle est rare dans quelques contrées, c'est que l'homme n'a pas encore daigné jeter les yeux sur elle, et la prendre sous sa protection. Occupons-nous donc de sa culture et du terrain qui lui convient.

## CULTURE DE L'OROBANCHE.

Il paraît naturel de considérer d'abord cette plante dans l'état sauvage, et d'examiner les lieux qu'elle semble préférer, pour en tirer ensuite les inductions et les connaissances nécessaires. Nous avons déjà vu qu'elle croît volontiers parmi les menus légumes ; tels sont les pois chiches, les vesces sauvages, les gesses, les lentilles, les lupins et les ers. Elle se plaît également dans les blés, lins, chanvres, etc. Matthiole dit qu'en Italie on la trouve *même le long des grands chemins à l'ombre des haies*. Il n'est pas moins certain qu'elle pousse vigoureusement dans les bois, au milieu des ajoncs, des houx, des genêts et des bruyères. J'en ai quelquefois rencontré des pieds parmi les mousses, sur des rochers incultes ; mais en général ils étaient faibles et décharnés : je crois qu'un trop grand soleil n'est pas ce qui convient à cette plante, et qu'elle prospère beaucoup mieux à l'ombre des jeunes taillis. C'est là que j'ai trouvé les plus beaux jets et les mieux nourris. Je pense donc que ceux qui auraient sur leurs propriétés des buissons, des halliers, des genêtières, etc., pourraient y cultiver l'Orobanche avec succès. Il faut se souvenir que la graine de cette plante est aussi menue que du tabac en poudre ; par conséquent elle ne doit pas être mise avant dans la terre ; il suffirait même de la répandre parmi les herbes : ensuite avec un rateau ou tout autre instrument convenable, on la ferait tomber à la surface. Cette opération pratiquée en automne, lorsque le temps se dispose à la pluie, assurerait la réussite de toutes les graines qui toucheraient la terre. Ceux qui auraient le temps, pourraient donner quelques légers coups de pic ou de hoyau, seulement pour effleurer le sol ; ils semeraient ensuite leur graine sur les points découverts. Le plus sûr enfin serait de gratter la terre au pied des genêts, buis, jomarins, etc., et de la semer entre les racines ; car c'est là qu'elle réussit en perfection. Ces préceptes étant fondés sur les mœurs et les habitudes de la plante, ne peuvent manquer d'être bons ; il est à croire que l'expérience en ferait connaître plusieurs autres, et que la sagacité des cultivateurs aurait bientôt découvert les moyens de faciliter cette culture.

Quoique je n'aie désigné que les bois, les bruyères et les lieux ordinairement incultes, pour élever cette plante, je n'en suis pas moins persuadé qu'elle réussirait également bien dans les jardins, si l'on trouvait enfin qu'elle valût la peine d'être soignée comme les autres légumes. Cette proposition ne manquera pas de sembler étrange à ceux qui regardent cette plante comme parasite, qui croient qu'elle ne peut vivre qu'aux dépens des autres, qu'elle dérobe leurs sucs nutritifs, et qu'enfin elle les fait périr par sa seule présence. Je vais détruire les calomnies qui pèsent, depuis trop long-temps, sur cette plante intéressante, qui n'a sans doute une si mauvaise réputation qu'à cause du nom qu'elle porte, et pour avoir été mal-à-propos confondue avec l'Orobanche de Théophraste. (4)

## RÉFUTATION DU PRÉTENDU PARASITISME DE L'OROBANCHE.

Le mot parasite est assez clair pour qu'il soit inutile d'en rappeler la définition ou l'étymologie. Une plante, selon Linné, est parasite, quand elle végète sur une autre plante, et non sur la terre. *Caulis parasiticus ... alteri plantæ nec terræ innatus*. Tels sont le gui sur les arbres, et la cuscute sur les plantes. Il est évident que le gui placé quelquefois à plus de trente pieds (dix mètres) de la terre n'en tire pas sa nourriture ; et si l'on prend la peine d'ouvrir la branche sur laquelle il est né, on verra qu'il la pénètre effectivement, et qu'il vit à ses dépens. Ce fait était bien connu des anciens. Virgile nous en fournit la preuve, Enéide, liv. 6.

(4) *Voyez* la note n.° 4.

*Quale solet silvis brumali frigore viscum*
*Fronde virere novâ, quod non sua seminat arbos;*
*Et croceo fœtu teretes circumdare truncos.*

Tel quand le pâle hiver nous souffle la froidure,
Le gui sur un vieux chêne étale ses couleurs,
Et l'arbuste adoptif le jaunit de ses fleurs. *J. Delille.*

Quant à la cuscute, M. de Jussieu nous assure également qu'elle grimpe sur les plantes et les suce: *plantas conscendens et emissis exsugens vasculis*. Ces deux plantes sont donc véritablement parasites; mais on n'en peut pas dire autant du lierre, quoiqu'il s'élève quelquefois jusqu'au faîte des plus grands chênes; parce que sa racine est en terre, et qu'il ne tire absolument rien des arbres, souvent morts, autour desquels il s'entortille. Aussi M. de Jussieu n'a-t-il pas dit que cette plante soit parasite, quoiqu'il semble avoir pris *pour des racines* ces longs filets, au moyen desquels le lierre s'attache fermement aux arbres et aux murailles. *Frutices sarmentosi, ramis muros et arbores scandentibus, passim radicantibus.* Ici le mot *passim* ne peut signifier autre chose, et l'auteur l'applique au fraisier dans le même sens. Par une singularité remarquable, le célèbre botaniste anglais Jean Ray, qui a bien reconnu que ces fibres n'étaient pas des racines, a dit que le lierre est parasite. *Hedera frutex est parasiticus, cirris suis arboribus aut parietibus adhærens et scandens.* Par l'expression *cirris* qu'il emploie, on n'a jamais entendu les racines. Voici la définition qu'en donne Linné : *Cirrus est vinculum filiforme, spirale, quo planta alio corpori alligatur*; c'est-à-dire, « nous entendons par le mot *cirrus* un
» lien semblable à un fil, contourné en spirale, au moyen
» duquel une plante s'attache à un autre corps; on en voit
» dans la vigne, les pois, etc. » Ces agrafes du lierre ne sont pas ordinairement spiraloïdes, mais cela vient de ce qu'il s'attache souvent à des corps trop gros, tels qu'un ormeau, un frêne, une muraille, etc. On en voit même s'appliquer contre des rochers perpendiculaires et sans aucune gerçure, loin de toute espèce d'arbre et de plante : donc le lierre n'est point parasite, et ces filets ne sont point des racines. Comment donc Jean Ray a-t-il pu tomber dans une pareille contradiction?

Il sera donc bien prouvé que l'Orobanche n'est pas une plante parasite, et nul mortel ne peut se vanter d'avoir vu sa racine ou quelque autre organe équivalent, pénétrer les autres plantes, en pomper les sucs, et se nourrir de leur substance. Or, c'est ce qu'un observateur exact et de bonne foi n'avancera jamais. J'en ai soigneusement examiné plus de mille pieds, dans un bosquet où elle était fort commune, et jamais je n'ai rien vu de pareil. Le plus grand nombre à la vérité croissait au pied des genêts, souvent même sur leurs racines; mais ils n'étaient là que par juxtaposition : un fort microscope n'a jamais pu me faire découvrir le moindre suçoir ni le plus petit mamelon. *La plupart avait même une coche, témoin irréfragable de son impuissance à pénétrer les autres plantes.* 2.° J'en ai trouvé une cinquantaine de pieds simplement placés sur l'herbe, dans laquelle ils n'occasionnaient qu'une légère dépression. Je suis encore à deviner comment ils pouvaient se tenir là debout sans être attachés à rien. Je suis persuadé qu'ils vivaient uniquement de l'air, de la fraîcheur et de la rosée. J'ai failli plusieurs fois tomber en enlevant ces sortes de pieds, parce que je n'éprouvais pas la résistance à laquelle je m'attendais. 3.° Quelques graines étant probablement tombées dans des petits trous creusés par les insectes, j'ai trouvé des tubercules à près de deux pouces ( 6 centimètres ) au-dessous des racines traçantes des plantes circonvoisines. Ces tubercules autour desquels je creusais avec toute la précaution possible, et qui n'avaient certainement de communication qu'avec la terre, m'ont offert de véritables racines; et pour le coup, il ne fallait pas de microscope pour les voir; car elles avaient de trois à quatre pouces de longueur, et elles étaient grosses comme le *re* d'un violon; leur nombre variait de deux à quatre. Elles étaient noirâtres et tout unies, sans aucune fibrille secondaire. Ces pieds étaient constamment plus beaux et plus vigoureux que les autres. Je remarquerai en finissant que le célèbre Linné, cet observateur exact qui n'a pas manqué de signaler les plantes véritablement parasites, n'a pas mis l'Orobanche de ce nombre; il se contente de dire qu'elle croît sur les montagnes, dans les champs et dans les prés. *Locus montosis, agris, pratis.* Après des preuves de cette nature, je ne crois pas qu'un homme de bon sens puisse désormais regarder cette plante comme parasite. Il est au contraire démontré qu'elle réussit en pleine terre comme les autres végétaux. Je suis également persuadé qu'on regarde comme parasite beaucoup de plantes qui ne le sont qu'en apparence.

# NOTES.

(1) On en trouve une seconde espèce, de moitié plus petite que la première dans toutes ses dimensions. Je n'ai point fait d'expériences sur cette petite espèce; mais il est à croire, et quelques auteurs l'assurent, qu'elle a les mêmes propriétés que la première.

(2) Je sais bien que, dans la plupart des éditions de Pline ce texte n'est pas précisément ponctué comme je le donne ici; mais, outre que j'y suis autorisé par un vieux scholiaste, si l'on fait attention que ce dernier chapitre du 22.$^e$ livre est intitulé, *medicinæ ex frugibus*, utilité médicale des plantes alimentaires, on verra de suite que cette phrase, *nous avons donné le nom d'Orobanche à une plante qui fait périr les ers et les légumes; on la mange crue et cuite*, etc., cette phrase, dis-je, n'attribuant à l'Orobanche aucune propriété médicale, serait tout-à-fait déplacée dans ce chapitre; elle y serait absolument isolée, sans tenir en rien à ce qui précède ou à ce qui suit. Au reste, si je me trompe, l'erreur ne peut pas être funeste: puisque cette plante se mange toute crue, son suc ne saurait être dangereux. Je peux même dire qu'en ayant confit des tiges, comme cela se pratique à l'égard de l'angélique, je m'en suis très-bien trouvé dans une toux opiniâtre. Ce chapitre fourmille de fautes, ou du moins de variantes. Sigismond Gélénius, et le docte Ferdinand Pintianus, professeur des langues latine et grecque, et de rhétorique dans l'université de Salamanque (dans un temps où ces fonctions étaient honorables et honorées), en ont relevé plus de cinquante. Ce dernier nous en offre une importante sur le texte dont il s'agit. Il prétend, d'après un vieux manuscrit, qu'on doit lire *estur et perse, et in patinis cum tener est decoctus*; de sorte que ces deux mots *tendre et cuite*, se rapportent seulement à la tige (*cauliculus*), et non à la plante entière; cependant Gélénius, Daléchamp, et presque tous les exemplaires lisent *tenera et decocta*. J'adopterais volontiers cette leçon de Pintianus, à cause de l'amertume de la racine qui ne permet guère de la manger. Ce ne serait cependant pas la seule plante à qui la cuisson ou la simple infusion dans l'eau tiède ôterait son amertume, comme on l'a dernièrement éprouvé sur les semences de

l'ers, dans le département de Seine-et-Marne ( Bibliothèque physico-économique, 1.<sup>er</sup> juin 1806.) C'est une expérience à faire. Quant à la tête qui porte les fleurs, elle est bonne et délicate, tant que celles-ci ne sont pas épanouies ; mais on sait bien que l'asperge elle-même cesse d'être bonne quand on la laisse monter.

(3) La plupart des traducteurs latins et français ont mis *de la grosseur du doigt*, pour n'avoir pas fait attention que le mot grec *dactulos* est employé par Dioscoride pour signifier une datte. Les bons dictionnaires grecs, et notamment Scapula, en ont positivement fait la remarque. Outre qu'il y a peu d'hommes qui aient les doigts aussi gros que les tubercules de la grande Orobanche, la comparaison est plus juste et plus naturelle ; mais il faut l'entendre des dattes telles qu'elles sont sur l'arbre, et non de celles qu'on nous envoie séchées ou confites.

(4) Quelle est donc cette Orobanche de Théophraste ? C'est une question qui me paraît se présenter ici naturellement. Je n'oserais affirmer, mais j'ai d'assez bonnes raisons pour croire que c'est la petite cuscute (*cuscuta minor.*) 1.° Théophraste ne dit pas de son Orobanche tout ce qui convient à la petite cuscute ; mais tout ce qu'il en dit lui convient parfaitement. 2.° Dans l'intervalle des siècles qui nous séparent des beaux jours de la Grèce, l'arabe Sérapion a parlé de la cuscute, comme Théophraste a parlé de son Orobanche. 3.° Avant la prise de Constantinople par les Turcs en 1453, qui força les Grecs savans de se réfugier en Italie, l'Europe était presque entièrement plongée dans les ténèbres de l'ignorance : ils furent obligés de traduire eux-mêmes la plupart des livres qu'ils avaient sauvés du naufrage. Dioscoride ne fut traduit que long-temps après Théophraste, et l'Orobanche de celui-ci était la seule connue. Tous ceux qui se livraient à l'étude des plantes s'accordaient à dire ce qu'il en avait dit lui-même ; que c'était une plante qui suffoquait les autres, et sur-tout les lentilles en les entortillant. De plusieurs témoignages que je pourrais citer, je me contenterai d'un seul qui se trouve dans un petit ouvrage imprimé à la suite de l'Herbier d'Othon Brunfels (édition de Strasbourg 1532, chez Jean Schott.) Son titre latin signifie *de la vraie connaissance des herbes... , exposition de tous les simples de Dioscoride, et comment ils répondent à ceux qui se trouvent dans les boutiques.* Eh bien ! l'auteur qui aurait au moins dû lire Dioscoride ; entraîné par la force de l'habitude et de la prévention, a répété

ce qui ne convient qu'à l'Orobanche de Théophraste. *Quoniam fruges, legumina, ervumque præsertim, circumligando se necat; ervi angina dicta est: id enim Orobanche græcis significat.* 4.° Nous allons voir quelque chose de plus décisif. Jean Rouelle, Soissonnais ( *Ruellius* ), avait publié depuis quelques années sa traduction latine de Dioscoride, lors qu'en 1552 Balthazar Arnoullet, imprimeur de Lyon, en donna une édition nouvelle avec d'assez bonnes figures pour le temps. Les chapitres sont suivis des remarques d'un habile médecin anonyme, qui s'est contenté de mettre les initiales de son nom H. B. P., à la tête de l'épître dédicatoire. Dans ce livre, sans aucun égard pour le texte de Dioscoride, on a représenté la petite cuscute sous le nom d'Orobanche. Or il n'est pas à croire que le graveur ait fait cela de son chef; car il omet de bonne foi les plantes qu'il ne connaît pas ou dont il n'a pas de modèle. On peut ajouter que son travail fut sans doute surveillé par le commentateur H. B. P., qui habitait la ville de Lyon, comme on le voit par la même épître dédicatoire. En outre il est certain que cette édition a passé sous les yeux de Daléchamp, comme le prouve un avis mis à la tête d'une trentaine de plantes ajoutées en forme d'appendice à la fin du livre. Le graveur avoue que les modèles lui ont été fournis par ce zélé botaniste. *Earum exemplar nacti sumus operâ Jacobi Dalechampii lugdunensis medici doctissimi, qui non segnem in eâ re operam dudum navavit.* Il est donc permis de croire que Daléchamp approuva aussi cette figure de la petite cuscute, placée là sous le nom d'Orobanche; mais, comme il n'est mort qu'en 1588, il s'ensuit qu'il a vécu 41 an après la publication de cet ouvrage. On pourrait donc penser qu'il changea d'avis, d'autant mieux que, pendant cet intervalle, les Commentaires de Matthiole se répandirent en France, et que dans Lyon même, où demeurait Daléchamp, Gabriel Coter en publia la traduction française par du Pinet. Or Matthiole parle positivement de la cuscute, il en donne la figure, et dans un autre endroit, celle de l'Orobanche conforme à la description de Dioscoride. Cependant Daléchamp conserva toujours le nom d'Orobanche à la plante décrite par Théophraste. J'en trouve une preuve certaine dans sa belle édition de Pline, publiée en 1587, un an avant sa mort, avec de savantes remarques. Au chapitre 17 du 18.e livre, il dit en propres termes: *Orobanches circumplexu necari cicer et ervum tradit Plinius, autoritate Theophrasti nixus. Alia Orobanche est Dioscoridi, ut*

*ejus descriptio monstrat.* Ce qui signifie : « Pline, fondé sur
» l'autorité de Théophraste, dit que l'Orobanche fait périr
» les ers et les pois chiches en s'entortillant. Dioscoride fait
» mention d'une autre espèce d Orobanche, comme le prouve
» la description qu'il en donne. » De ces rapprochemens on peut
conclure que Daléchamp regardait la petite cuscute comme
l'Orobanche de Théophraste ; et que s'il permit en 1552
qu'elle fût placée dans le texte de Dioscoride, c'est qu'il
ne prit pas la peine de confronter la description avec une
figure qu'il connaissait effectivement sous le nom d'Orobanche.
Pendant les 40 années suivantes la composition et revision
de sa grande *Histoire des Plantes*, en trois volumes in-folio,
enrichie de gravures, approuvées depuis par Linné dans sa
Philosophie Botanique, l'obligea de reconnaître la différence
qui existe entre les plantes décrites sous le même nom
par ces deux auteurs. Mais on voit, par la remarque citée,
qu'il conserva toujours le nom d'Orobanche à l'une et à
l'a tre. Observons que Matthiole n'est seulement pas nommé
sur la liste des auteurs auxiliaires placés en tête de cette
édition de Pline. Je ne dois pas finir cet article, sans relever
une espèce de louche qui se trouve dans les expressions du
graveur, lorsqu'il qualifie Daléchamp, *médecin de Lyon*. On
sait bien que Daléchamp exerça la médecine à Lyon ; mais
ce n'est pas dans cette ville qu'il s'était formé. Il l'avait
d'abord exercée à Caen, sa patrie, aujourd'hui capitale du
Calvados. Ses recherches et ses immenses travaux sur la
botanique, ont été fort utiles à ceux qui l'ont suivi ; et l'on
peut dire que c'était ce qu'il y avait de mieux avant la découverte des systèmes et des méthodes naturelles. Il a publié
une bonne traduction d'Athénée, et plusieurs autres ouvrages
estimés des connaisseurs. Comme Daléchamp était non-seulement savant, mais encore honnête homme et bon citoyen ;
je me fais un vrai plaisir de le revendiquer pour mon pays,
qui n'a cependant pas besoin pour sa gloire, d'un écrivain
de plus ou de moins. Les Muses chériront toujours la patrie
des Ségrais, des Porée, des Lefèvre, des Constantin et des
Malherbe.

F I N.

# POST-SCRIPTUM.

La défense contre l'attaque est de droit naturel. Je prie donc le lecteur de ne pas trouver mauvais que je profite de cette occasion, pour appliquer le principe. Vers le mois d'août 1805, je publiai sur l'Arachide un petit écrit contenant des remarques relatives à sa fructification : dès le mois de février précédent, elles avaient été insérées dans le Bulletin de correspondance de la Société d'Agriculture et de Commerce du département de la Vienne, et je comptais bien m'en tenir là. Mais ces remarques ayant été attaquées, deux mois après, dans le même journal, par un homme qui aurait dû, mieux que tout autre, connaître la véritable fructification de l'Arachide, je semai de nouvelles graines, et m'étant une seconde fois convaincu de la vérité de mes observations, je rédigeai la petite note dont il s'agit. Elle eut le bonheur de plaire à plusieurs savans, qui m'en donnèrent de glorieux témoignages ; entr'autres, à M. Tessier, qui spontanément l'inséra toute entière dans son journal. J'en fus d'autant plus flatté, qu'il avait lui-même écrit sur cette matière. D'un autre côté, M. Sonnini me fit demander mon agrément pour l'insérer dans sa Bibliothèque physico-économique. La preuve de ce fait se trouve dans le 5.<sup>e</sup> n.° de la 4.<sup>e</sup> année, 1.<sup>er</sup> novembre 1805. On lit à la page 212 : *Nous avons inséré ce mémoire intéressant dans notre Bibliothèque, où l'auteur nous a permis de le placer.* Il fallait donc bien que ces deux savans trouvassent dans cette note quelque chose de neuf et de curieux : ils n'auraient certainement pas mis dans leurs feuilles un réchauffé de choses déjà connues. Cependant voilà qu'un bourgeois du département des Landes, à la lecture de cet article, est frappé d'une espèce de torpeur et d'engourdissement. Pendant trois mois entiers il garde le silence ; ( notez cela, cher lecteur, car en trois mois on a le temps de faire bien des choses ; ) enfin, le 2 février 1806, il se réveille, ce M. Theré.

> Il frappe du pied la terre,
> Et semble appeler la guerre
> Par un fier mugissement. (*a*)

(*a*) *Taurorum enim proprius est mugitus.*

Il adresse à M. Sonnini une lettre insérée par extrait dans le n.º 8, 1.ᵉʳ mai 1806. Il dit qu'il a lu mon article, et que, relativement à la culture de cette plante, aux avantages qu'on en peut retirer, etc., *je répète plusieurs choses qu'on retrouve ailleurs ;* mais il s'est bien gardé de dire que j'avais indiqué, par des renvois placés au bas des pages, les sources où j'avais puisé ; savoir, les ouvrages de madame Gacon du Four, de MM. Bosc, Tessier, Toilard, etc. Donc je ne cherchais pas à me parer de leurs dépouilles ; donc la mauvaise foi de M. Thorè montre déjà le bout de l'oreille ou de la corne, comme on voudra. Il me fait encore dire que *personne, avant moi, n'a découvert le mode de reproduction de cette plante précieuse.* Comment personne ! C'est un mot qui s'étend bien loin. Personne ! pas même depuis le déluge de Noë ! Je connais trop bien la portée des termes, et le proverbe *qui trop embrasse mal étreint, qui nimis probat nihil probat,* pour avancer une telle forfanterie : il faudrait que je fusse aussi fat, ou du moins aussi avantageux que ceux qui font parler les autres à leur guise. Je ne donnerai cependant pas un démenti formel à M. Thorè, parce que, même pour ces sortes de choses, il faut savoir à qui on les donne : je soutiens seulement que cette phrase ne se trouve pas dans ma note sur l'Arachide. Voici le fait : Après avoir dit ( page 8 ) que dès l'an 1804 ( époque à laquelle j'ignorais encore la véritable fructification de l'Arachide, comme je l'avoue au même endroit ), j'avais observé sur mes Arachides des corps que je pris pour des épines, et qu'au temps de la récolte je trouvai des fruits à l'extrémité de ces prétendues épines, j'ajoute : « On ne me contestera pas *la priorité* de cette remarque insérée il y a six mois au Bulletin de la Société d'Agriculture. J'avais bien observé, car pour cela il ne faut que des yeux ; mais je n'avais pas tout observé. » Donc ces paroles, *on ne me contestera pas la priorité,* etc., ne tombent point sur la véritable fructification de l'Arachide, que j'ignorais encore en 1804, mais simplement sur la remarque de ces prétendus corps épineux et fructifères. Il y a plus : dans le Bulletin du mois de février 1804, où le rédacteur se félicite de pouvoir insérer cette observation, que je lui communiquai en forme de lettre, je ne pris pas le ton avantageux que me prête M. Thorè. Voici les expressions dont je me servis : « C'est véritablement ici une merveille de la végétation dont je ne connais aucun autre exemple, et dont *je ne sache pas qu'aucun auteur ait parlé.* » Mais dire que je ne sais pas si on en a parlé,

ce n'est pas affirmer que jamais on n'en a parlé. En ajoutant qu'il ne faut que des yeux, *et même un seul*, pour faire la même observation, je n'exclus que les aveugles, et non pas tous les hommes qui ont existé jusqu'à ce jour. *Je n'exclus pas même les animaux dont les yeux volumineux servaient à nos pères à faire des expériences sur la vision.* Il est donc clair que M. Thoré a méchamment appliqué cette phrase à la véritable fructification de l'Arachide, tandis qu'elle se rapporte à une observation incomplète et toute différente, qui me mit cependant sur la voie pour arriver, l'année suivante, à la connaissance de la vérité toute entière. Mais quand elle s'y rapporterait, si M. Thoré entendait le français, il aurait compris d'abord que le mot *priorité* dont je me sers, offre un sens bien différent de celui de *primauté*. Celui qui a la primauté est le premier de tous; celui qui ne réclame que la priorité, ne demande qu'une primauté relative et de comparaison, puisque *priorité* est un comparatif, qui a nécessairement le superlatif au-dessus de lui. Ma phrase signifie donc, pour quiconque a le sens commun : « Il est possible que d'autres aient fait cette remarque aussi
» bien que moi ; mais, puisqu'ils ne l'ont pas publiée, puisqu'ils ont gardé le silence, tandis que j'ai parlé le premier,
» l'honneur tel quel de cette observation m'appartient de
» plein droit. » Mais c'est là, comme on le devine bien, où le joug blesse M. Thoré. Il prétend avoir parlé avant moi, dans un département séparé par plusieurs autres de celui que j'habite. Je ne nierai point la possibilité du fait ; car, puisqu'il ne faut que des yeux pour voir, il ne faut aussi qu'une langue pour publier ce qu'on a vu, pourvu toutefois que ce ne soit pas une langue fourrée. Il me suffira donc de prouver que je ne connaissais pas même l'existence de M. Thoré ni de son ouvrage, lorsque j'ai publié le mien. C'est de quoi j'espère venir facilement à bout, en discutant les preuves qu'il donne de sa priorité sur moi. Mais établissons d'abord que cette priorité n'aurait rien d'étonnant. Ce bon M. Thoré, qui est bien la meilleure pâte d'homme que Prométhée ait jamais pétrie, ne s'est seulement pas souvenu que le département des Landes qu'il habite, est le premier qui ait reçu de la graine d'Arachide, et qui en ait essayé la culture. Les départemens limitrophes tentèrent ensuite de pareils essais ; mais cette culture étant regardée comme incertaine et hasardeuse, les départemens du milieu ne s'intéressèrent à cette plante que plusieurs années après. Il n'y a guère qu'un an qu'elle est connue à Tours. L'idée que cette plante veut de

la chaleur, détourna presque entièrement nos départemens du nord d'en semer, même par curiosité. Tout l'avantage de M. Thorè se réduirait donc à ceci : Il a eu de la graine d'Arachide avant moi, il l'a cultivée avant moi ; donc il a pu voir avant moi ce qui était sous ses yeux et à cent lieues des miens. J'aimerais presque autant qu'un habitant de *Cracovie* se vantât devant un Parisien que le soleil est levé chez lui à-peu-près deux heures avant de se lever à Paris. Hé bien! pourrait-on lui répondre, il se couchera dans votre patrie deux heures plutôt que dans la nôtre, et nous ne le verrons ni moins beau ni moins brillant. C'est bien ici le cas d'appliquer la pensée du chevalier de Cailly....

>Si je dis quelque chose belle,
>L'antiquité, toute en cervelle,
>Me dit : Je l'ai dit avant toi.
>C'est une plaisante donzelle!
>Que ne venait-elle après moi,
>J'aurais dit la chose avant elle!

Mais donnons une preuve directe que cet écrit nous était inconnu aussi-bien que son auteur, non-seulement à nous, mais à tout le département que nous habitons, et aux dix-neuf vingtièmes des départemens qui composent le territoire de l'Empire français. Ecoutons M. Thorè. *J'avais envoyé, en l'an 10, à un journaliste un mémoire très-détaillé sur cette matière; j'y avais joint une planche explicative, composée de plusieurs figures d'après lesquelles je démontrais invinciblement comment s'opérait cette espèce de mystère.* J'IGNORE POURQUOI CE JOURNALISTE N'A PAS PUBLIÉ MON MÉMOIRE. Que dites-vous, lecteur, de cette façon d'argumenter et de prouver au public une découverte par un mémoire qui n'a pas été publié? Ma foi, passez-moi le terme, je ne crois pas qu'on puisse être plus inepte. Mais M. Thorè n'est pas à bout de ses preuves. *Un petit extrait* de son mémoire fut inséré par M. Tassin dans un recueil de mémoires, instructions, observations, expériences et essais sur l'Arachide, imprimé en germinal an 10 à Mont-de-Marsan, chez Laroy jeune, *par ordre du préfet des Landes*. Voilà donc ce grand mémoire très-détaillé, qui, pour être compris, avait même besoin d'une planche explicative; le voilà réduit à *un petit extrait*; et c'est à ce petit extrait que M. Thorè *me renvoie*, pour me désabuser sur ma découverte. D'abord M. Thorè se sert d'un terme impropre ; pour m'y renvoyer, il aurait fallu que j'y eusse été précédemment ; en outre, il doit connaître, par état, ceux qu'on fait venir, quand on veut, pour une pièce de 30 sous, qu'on renvoie quand on veut, et toujours avec grand plaisir. Mais enfin *ce petit extrait* peut servir de preuve aux habitans du département des Landes ; il aurait pu même en servir à toute la France, sans ces malheureuses paroles, *imprimé par ordre du préfet des Landes*. C'est là positivement ce qui l'a empêché de se répandre et de circuler dans les autres départemens. Tout le monde en effet, excepté M. Thorè, sait bien que tous ces livres imprimés par ordre des préfets, ne se vendent point ordinairement : on a trouvé un meilleur secret pour en assurer le débit, c'est de les distribuer *gratis* aux principaux habitans du pays dont il est rare qu'ils franchissent les limites. Pourquoi, dès les années 1802, 1803, 1804, n'en avoir pas adressé des exemplaires aux journalistes qui s'occupent d'agriculture, et particulièrement à MM. Tessier et Sonnini ? Ils auraient probablement fait en faveur d'un recueil intéressant, ce qu'un prudent journaliste n'a pas voulu faire pour le mémoire très-détaillé et la belle planche de M. Thorè. Il conviendra du moins que nous n'avons vu ni cette belle planche, ni ce mémoire, puisque le journaliste a cru devoir les laisser à l'abri dans ses cartons. Ce petit extrait *sans planche* ne doit pas dire grand'chose ; mais il est également facile de prouver que nous ne l'avons jamais vu. Dans un département éloigné, quels hommes sont les premiers au courant des nouveautés ? Ce sont les membres des sociétés savantes, et les journalistes qui entretiennent des correspondances réciproques. C'est par eux ou par les feuilles de Paris, que les autres habitans apprennent l'existence des livres nouveaux ; or, j'affirme positivement que, ni les sociétés savantes de notre département, ni les journalistes qui tous en sont membres, n'avaient ouï parler du recueil cité par M. Thorè. C'est donc je les prends tous à témoins, et la preuve en est claire, puisqu'ils se félicitèrent de pouvoir insérer ma première observation dans leur Bulletin, et que la vérité de cette observation fut contestée deux mois après, comme je l'ai dit plus haut, et cela par le professeur de botanique du département que j'habitais alors. On a vu d'autre part qu'aucun journaliste de Paris n'avait annoncé cet ouvrage ; comment donc en aurais-je eu connaissance ? Si MM. Tessier et Sonnini, qui sont comme le centre de toute la correspondance agricole de l'Empire français et même des pays étrangers, ne connaissaient pas l'existence de ce recueil, comment en aurais-je eu connaissance, moi particulier isolé, ne m'intéressant à la botanique et à l'agriculture que par simple amusement? Je ne sais s'il y a dans le département des Landes quelque feuille périodique qui annonce les ouvrages imprimés à Mont-de-Marsan et autres lieux; mais ce que je sais bien, c'est que cette feuille, si elle existe, n'arrive pas jusqu'à notre département. Ces réflexions seront suffisantes, à ce que j'espère, pour convaincre tous les lecteurs que si M. Thoré a découvert en l'an 10 la véritable fructification de l'Arachide, je l'ai découverte moi en l'an 12, sans avoir jamais eu connaissance, ni de sa personne, ni de son petit extrait: *habent sua fata libelli*.

Dès que le journal de M. Sonnini m'eut appris l'existence du recueil, je voulus m'en procurer un exemplaire pour constater les faits; mais je n'ai jamais pu y parvenir, parce que, comme je l'ai dit, l'édition de ces sortes d'ouvrages imprimés par ordre des préfets, est épuisée en deux jours, y compris celui de la publication. J'aurais été curieux de savoir si M. Thoré avait fait une observation aussi précise que moi, qui n'ai pas eu besoin de planche pour me faire entendre; j'ai dit en propres termes: *Il résulte de cette observation que le style traverse le pédoncule dans toute sa longueur; et c'est en effet ce que prouve l'ouverture de cette partie.* Tant qu'il ne me sera pas prouvé que M. Thoré s'est expliqué d'une manière aussi positive, je persisterai à me croire en possession de cette découverte. Pourquoi ne serait-il pas possible que M. Thoré n'eût fait qu'une remarque imparfaite, puisqu'un homme plus habile que lui et moi, s'est laissé tromper par les apparences, en prenant pour un pédoncule fructifère ce que j'ai reconnu pour le péricarpe ou l'ovaire fécondé: il y a du moins quelque chose de vrai dans cette observation.

On a pu voir toute l'importance que M. Thoré attachait d'abord à sa découverte; un mémoire très-détaillé, une planche explicative, l'envoi de ces objets à un journaliste, en sont des preuves plus que suffisantes. Dès qu'il a su que les journaux m'en avaient fait honneur (ou si l'on veut, trois mois après), il tient un langage tout différent; *c'est une remarque inutile.* Vous ne me croyez pas, lecteur; hé bien! je vais transcrire la phrase de M. Thoré, qui commence par un épiphonème. « *Nil sub sole novum*; car je suis *convaincu* que ce mode de reproduction n'a pas échappé au Pline suédois; *s'il n'en a pas*

« *parlé*, c'est qu'il a cru une telle remarque inutile. » J'avais cru moi jusqu'à ce jour que la conviction exigeait des preuves positives : voilà un individu qui trouve le moyen de se convaincre par le silence ; c'est prouver en peu de mots qu'on entend la logique aussi bien que la grammaire. Mais, ô rare génie ! vous qui par le moyen d'une planche explicative *démontrez invinciblement comment s'opèrent des espèces de mystères*, expliquez-nous seulement pourquoi vous réclamez la découverte d'une chose inutile ; il me semble que je n'attacherais pas tant d'importance à des inutilités. Non, non, M. Thoré, elle n'est pas inutile cette découverte ; et si le Pline suédois qui nous a donné les Aménités botaniques, l'Horloge de Flore, etc., en avait eu connaissance, il n'aurait pas manqué d'en parler ; il aurait senti que le succès de la culture est entièrement fondé sur cette remarque. Pour moi je vous assure qu'après l'avoir faite, j'éprouvai une joie bien pure, et pour le moins égale à celle qui vous transporterait vous-même, si vous trouviez la composition d'un nouveau julep, d'un nouvel apozème, ou d'une seringue mystérieuse. Ah ! de grâce, M. Thoré, si cette remarque vous appartient, prenez-la, je vous l'abandonne ; mais ne venez pas dire qu'elle est inutile. Pareil à la véritable mère qui plaidait devant le roi Salomon, j'aime mieux vous abandonner mon fils, que de le voir pourfendre à mes yeux. Je ne sais si vous avez des enfans, mais je conclurais de ce seul trait que vous n'avez pas les entrailles d'un père. Croyez, au reste, que je n'ai jamais cherché à m'emparer du bien d'autrui. Je ne suis pas écrivain de profession ; je n'aurais pas attendu si tard à me faire mettre en lumière. Si je publie par intervalle quelque petite brochure, c'est que je pense qu'elle peut être utile au public, et que l'amour de la patrie doit l'emporter même sur l'amour-propre. Je connais, sans doute avant vous, le sort du geai paré des plumes du paon ; et pour vous l'avouer sincèrement, je ne vois en France que les couteliers capables de convoiter quelque pièce de votre parure.....
Mais arrêtons-nous, et craignons qu'une voix sortie du milieu des Landes ne vienne trop tard nous crier :

*Fœnum habet in cornu ; cornu ferit ille ; caveto.*

N'auriez-vous pas aussi, par hasard, découvert avant moi que l'Orobanche n'est pas une plante parasite, et que ses tubercules peuvent servir à faire de l'encre ? Si cela était, je serais obligé de convenir que vous êtes un être fatal pour moi, comme le Sphinx le fut pour la ville de Thèbes, comme le cheval de bois pour les Troyens, le Minotaure pour le peuple d'Athènes, les Harpies pour la table d'Enée, l'Hydre de Lerne pour les Argiens, le vautour pour Prométhée, et l'âne de Buridan pour les logiciens.

Quant à M. Sonnini, voici la note qu'il a mise au bas de cette belle épître. « Nous aurions peut-être imité le si-
» lence du journaliste dont se plaint M. Thore, s'il ne nous
» avait paru juste de consigner les titres qu'a ce savant à
» la priorité d'une découverte botanique très-curieuse,
» et si ce n'avait pas été pour nous une occasion d'indiquer
» aux amis de l'agriculture un ouvrage peu connu, et qui
» mérite de l'être, puisqu'il renferme des expériences et des
» observations au sujet d'une culture avantageuse. D'un autre
» côté, nous remarquerons que la découverte de faits inva-
» riables appartient nécessairement à tout observateur cons-
» tant et attentif. »

On y voit, 1.º que M. Sonnini n'est pas tout-à-fait du second avis de M. Thore; il convient du moins que c'est une découverte *très-curieuse* : il n'aurait pas manqué d'ajouter et très-utile, s'il eût réfléchi qu'elle prouve invinciblement la nécessité d'ôter les plus petits cailloux qui pourraient se trouver au pied de la plante, et d'ameublir la terre tout autour, afin que le péricarpe y puisse pénétrer sans obstacle, comme je l'ai suffisamment expliqué dans mon ouvrage ; 2.º qu'il ne s'est déterminé à publier cette lettre, que par deux raisons qui lui ont paru très-fortes : l'une, d'indiquer aux amis de l'agriculture un ouvrage peu connu qui mérite de l'être; et l'on sent assez que c'était pour lui un devoir d'état. Mais s'il eût réfléchi que l'édition de ces sortes d'ouvrages est pour l'ordinaire épuisée en deux jours, il eût bien senti que cette annonce était du moins inutile. La seconde raison, c'est qu'il lui a paru juste de consigner les titres qu'a M. Thore à la priorité de cette découverte. Les titres que M. Sonnini a publiés, ne me paraissent pas bien authentiques; et au lieu de nous faire l'histoire d'un mémoire et d'une planche explicative, qui n'ont jamais vu le jour, il aurait mieux fait, ce me semble, de nous citer une bonne phrase *bien précise et bien positive*, tirée du petit extrait rédigé par M. Tassin, il y a cinq ans. Ç'aurait été là du moins une preuve probante ; car enfin on ne peut juger que *secundum allegata et probata*, et les 0,999 de la France ignorent ce que contient ce petit extrait. Comme M. Sonnini annonce également n'avoir publié qu'un extrait de la lettre de M. Thorè, dira-t-on que le reste contenait des preuves plus fortes ? mais c'eût été une maladresse de ne pas les publier. Dira-t-on que M. Thorè lui a fait passer copie de sa belle planche ? J'en reviendrais alors à ce malheureux silence de trois mois, et je dirais que cette nouvelle planche pourrait bien avoir été faite, revue et corrigée d'après ma note; je rappellerais en outre à M. Sonnini que le premier principe de la justice qui est, à la vérité, de rendre à chacun ce qui lui appartient, défend par là même de prendre à l'un pour donner à l'autre. Or, en donnant à M. Thorè la priorité dont j'étais justement en possession, et sur des titres plus clairs que les siens, il me dépouille pour le revêtir. Heureusement qu'il a fait cela au mois de mai, quand les froids étaient passés; de sorte que je ne me suis pas trouvé moins bien vêtu qu'auparavant. Je dois néanmoins aussi rendre justice à M. Sonnini : en ajoutant que *la découverte de faits invariables appartient nécessairement à tout observateur constant et attentif*, on voit qu'il a voulu écarter de moi le soupçon d'avoir connu le petit extrait du mémoire de M. Thorè. En effet, comment l'aurais-je connu dans un département écarté, s'il ne le connaissait pas lui-même à Paris, dans le centre de toutes les nouveautés ? Je prouverais également, si je voulais nommer les personnes, que ce *petit extrait* n'était pas plus connu des premiers botanistes de l'Empire français, qui ont désigné ma note à leurs élèves, comme *curieuse et intéressante*; de sorte que les uns m'en ont fait demander des exemplaires, et que les autres, passant par mon canton pour se rendre dans leurs foyers, sont venus m'en demander eux-mêmes. J'aurais donc pu me contenter de cette réflexion de M. Sonnini, si tout le monde avait l'ame aussi franche et aussi candide que lui; mais le public est malin, et il pourrait se trouver des gens qui penseraient que M. Sonnini n'a fait cette réflexion que d'après une pensée du Tasse, *porghiam aspersi di soave licor gli orli del vaso*. C'est à quoi il aurait pu réfléchir; alors, après m'avoir fait demander lui-même la permission d'insérer cette note dans sa Bibliothèque physico-économique, il n'aurait pas, sur d'aussi misérables preuves, et dans un journal où il s'interdit toute espèce de discussion, il n'aurait pas embouché la trompette, pour faire une pareille annonce; il aurait bien plutôt imité le silence du prudent journaliste qui craignit d'exposer la découverte de M. Thorè aux risques d'un coup de soleil. Sur le titre de *savant*, donné à M. Thorè, tout ce qu'on doit dire, c'est que M. Sonnini a bien de la bonté, qu'il est bien honnête ; ce qu'on ne peut révoquer en doute d'après sa conduite à mon égard. Je crois au reste avoir prouvé que *ce savant* n'entend ni l'art de parler, ni l'art de raisonner.

Par la manière dont je m'explique ici, on voit bien que je n'ai pas conservé dans l'ame une de ces rancunes pernicieuses dont il est parlé dans les premiers vers de l'Iliade ( *ménin ouloménén* ). J'ai même excusé le rédacteur, sur la triste nécessité où se trouve souvent un journaliste, de remplir un nombre fixe de pages ( soixante-douze ) avec une très-petite quantité de bons matériaux. Or, on se convaincra sans peine que, pour ce numéro, M. Sonnini était dans une grande disette, puisque c'est là qu'il nous indique la suie pour faire périr les vers qui rongent la racine des choux, recette connue dès le temps de notre bon duc Rollon ; puisque c'est là encore qu'il nous a donné le secret de garantir les melons de l'ardeur du soleil, avec une planche dressée auprès, et de les arroser avec des mèches de laine plongées par un bout dans un vase plein d'eau, et placées en forme de spirale autour du plant et sur ses racines. Lorsque ce numéro arriva, nous étions quatre jardiniers ensemble à vider un pot de cidre ; Exupère, qui n'a pas encore besoin de lunettes, en commença la lecture, et cette invention nous fit beaucoup rire, non pas de M. Sonnini, car nous ne prenons pas la liberté de rire des journalistes, mais de l'anglais Tatham qui s'en est avisé. Nous pensâmes que cela pourrait être bon pour un pot d'œillets ou pour un pied d'hortensia ; mais qu'il faudrait bien des mèches pour arroser seulement un hectare de jardin. Le compère Vigor nous dit cependant qu'il n'en fallait pas tant rire : mais nous savions qu'il avait de la laine et des planches à vendre.

www.ingramcontent.com/pod-product-compliance
Lightning Source LLC
Chambersburg PA
CBHW060544050426
42451CB00011B/1804